MÉMOIRE

SUR LE

POUVOIR JUDICIAIRE CHEZ LES JUIFS

ET SUR LE

SANHÉDRIN EN PARTICULIER

Par l'Abbé LETARD

CURÉ DE SAINT-SIMON-JONZAC (CHARENTE-INFÉRIEURE), CHEVALIER DU SAINT-SÉPULCRE,
VICAIRE GÉNÉRAL HONORAIRE DE SIDON,
MEMBRE DE LA SOCIÉTÉ D'HISTOIRE ECCLÉSIASTIQUE ET DE LA COMMISSION DES MONUMENTS HISTORIQUES
DE LA CHARENTE-INFÉRIEURE

BAR-LE-DUC

TYPOGRAPHIE DES CÉLESTINS — BERTRAND
36, RUE DE LA BANQUE, 36

1879

MÉMOIRE

SUR LE

POUVOIR JUDICIAIRE CHEZ LES JUIFS

ET SUR LE

SANHÉDRIN EN PARTICULIER

Par l'Abbé LETARD

CURÉ DE SAINT-SIMON-JONZAC (CHARENTE-INFÉRIEURE), CHEVALIER DU SAINT-SÉPULCRE,
VICAIRE GÉNÉRAL HONORAIRE DE SIDON,
MEMBRE DE LA SOCIÉTÉ D'HISTOIRE ECCLÉSIASTIQUE ET DE LA COMMISSION DES MONUMENTS HISTORIQUES
DE LA CHARENTE-INFÉRIEURE

BAR-LE-DUC

TYPOGRAPHIE DES CÉLESTINS — BERTRAND

36, RUE DE LA BANQUE, 36

—

1879

DU POUVOIR JUDICIAIRE CHEZ LES JUIFS

ET DU SANHÉDRIN EN PARTICULIER

I. Tout ce qui se rattache, surtout de nos jours, aux questions bibliques, aux traditions judaïques, a le secret d'attirer l'attention des esprits sérieux et éclairés.

D'un autre côté, leur exposé simple et didactique fournit à l'exégète, et au palestinologue en particulier, la solution facile d'objections à pre-mière vue insolubles, en même temps qu'il est le principe d'éclaircis-sements utiles. Au nombre de ces questions se présente celle de l'orga-nisation judiciaire chez le peuple juif. Un mot tout d'abord et comme transition sur la première organisation de la police des Hébreux et ses diverses transformations jusqu'à l'institution proprement dite du Sanhédrin.

La police chez les Israélites semble à proprement dire commencer avec Moïse ; dans la suite elle subit quelques modifications et perfec-tionnements sous les juges et les rois qui gouvernèrent le peuple juif ; enfin par une dernière transformation qui ne remonte pas au delà des Machabées, après le retour de la captivité, elle prit la dénomination tris-tement célèbre dans nos fastes évangéliques de Sanhédrin ; de là deux périodes bien distinctes dans l'ordre judiciaire chez les Juifs.

En vain, chercherait-on dans les temps antérieurs à la promulgation du décalogue sur le Sinaï une police réglementée, et des juges réguliè-rement constitués. — La république des Israélites ne date, en effet, que de Moïse ; à ce célèbre conducteur du peuple de Dieu était réservé l'honneur de régler, d'après les prescriptions mêmes de Jéhovah, l'admi-nistration civile et judiciaire. — Le premier il jugea souverainement la nation et exerça sur elle une juridiction absolue.

Ce grand serviteur de Dieu nous apprend lui-même, au livre de l'Exode (XVIII, 25, 26), comment, sur l'avis de Jethro, son beau-père, des hommes d'un mérite et d'une sagesse reconnus furent désignés pour l'aider dans le gouvernement d'Israël et juger, d'après les lois établies, les différends soulevés au sein de la nation ; quant aux causes les plus difficiles et les plus importantes, le jugement lui en était réservé tant pour le civil que pour le sacré.

Cette première organisation ne fut proprement qu'un essai ; elle se voit complétée, sur l'ordre du Seigneur (Nombres, XI), par l'établissement régulier des soixante-dix anciens à la tête desquels se trouvait Moïse. L'Éternel lui avait dit : « Assemble-moi soixante-dix hommes des anciens d'Israël et du nombre de ceux qui ont quelque intendance sur lui ; tu les conduiras à la porte du tabernacle d'alliance, et tu les feras demeurer là avec toi ; je descendrai, et je te parlerai là ; et je prendrai de l'esprit qui est en toi, et je le mettrai sur eux, afin qu'ils portent avec toi le fardeau du peuple et que tu n'en sois pas seul chargé ». (Nombres, XI, 16, 17.)

Cet ordre de choses se continua durant le voyage du désert, c'est-à-dire près de quarante ans.

Moïse, toujours dirigé par l'esprit du Seigneur, vint encore ajouter à cette constitution ; en prévision du prochain établissement de la nation dans la terre promise, il prescrivit le choix, dans chaque ville, de juges et de magistrats. (Deuter., XVI ; — XVII ; — XIX ; — XXI ; — XXIII.)

S'agit-il d'affaires majeures et d'une discussion plus difficile, c'était au jugement des prêtres qu'on devait déférer. A consulter l'Ecriture et l'historien juif Josèphe, particulièrement compétent en pareille matière, il n'y a pas à s'y tromper, la première intention du souverain Législateur était évidente : établir parmi les Hébreux une forme de gouvernement dont la direction devait être abandonnée aux prêtres conjointement avec le prince suscité de Dieu et les juges subalternes désignés pour chaque ville. De la sorte les prêtres, comme plus instruits et plus indépendants, étaient devenus les juges ordinaires sur les matières de la loi et de la religion.

Lorsqu'il surviendra quelque différend, dit le Seigneur par la bouche de son prophète, les prêtres le jugeront, tout en se tenant attachés à mes jugements, et ils feront observer mes lois et mes ordonnances. (Ezéch., XLIV, 24.)

D'où ce mot de Jérémie : *Non peribit lex a sacerdote.* (XVIII, 18.)

Pour quiconque voudrait avoir une connaissance assez complète de l'Etat, de la religion et du gouvernement des Juifs, il serait besoin avant tout de savoir à fond ce qui regarde les priviléges, les offices et l'ordre de ces prêtres. Le rang qu'ils ont tenu dans leur nation et la part qu'ils ont prise aux affaires religieuses et politiques a toujours été considérable. — Il n'y avait aucun emploi dont ils fussent exclus ; les charges de judicature, les fonctions militaires, les dignités séculières ne leur étaient point étrangères. On voyait des prêtres dans l'armée, en qualité de commandants, d'écrivains, de soldats. Sonner de la trompette était même un emploi spécialement réservé au sacerdoce. (Nombr., X, 8.) Lés Machabées, qui se sont distingués d'une manière si glorieuse dans les armées, et dont Dieu s'est servi pour rétablir son culte et sa religion dans Israël, étaient de la tribu de Lévi et de la famille d'Aaron, de même qu'une grande partie de leurs troupes. L'historien Josèphe lui-même, qui s'est rendu si célèbre par ses belles actions et ses écrits, était de la race sacerdotale et de la famille royale de Jonathas Machabée. Presque tous les tribunaux juifs étaient occupés par des prêtres qui rendaient la justice suivant l'ordre établi par Moïse. Toutefois la première, la plus noble et la principale de leurs fonctions était le ministère sacré de l'autel, et ensuite l'instruction des peuples et l'étude de la loi.

Ce n'est pas tout : Si les simples prêtres ou sacrificateurs étaient de droit constitués juges naturels des choses saintes et même profanes, les ministres des jugements du Seigneur, les conservateurs de ses droits, de quelle suprématie ne devait pas jouir à son tour le grand-prêtre ? Lui, le chef de tout le clergé, le premier en dignité, était le président né de la justice, et l'arbitre de toutes les grandes affaires concernant la religion. Combien de fois même ne vit-on pas la puissance sacrée et la puissance civile réunies dans la même personne ? Aussi heureux celui qui obéissait à ses décisions et malheur au contraire à quiconque lui refusait soumission et fidélité. C'était principalement le grand-prêtre, dit Josèphe (liv. ii *contre Appion,* c. 6), qui était chargé de faire observer les lois, de juger les différends, de faire punir les condamnés ; et quiconque ne lui était pas soumis devait souffrir le dernier supplice, comme ayant commis une impiété contre Dieu même.

Ce même historien fait plus d'une fois mention dans ses écrits de cette forme de gouvernement prescrite aux Hébreux par Moïse. Et, dans le livre déjà cité contre Appion, il avoue qu'il est impossible d'établir un gouvernement plus excellent, plus juste, plus saint, que celui qui a le souverain monarque de l'univers pour auteur. Ainsi la république des Juifs, selon l'idée du même auteur, n'était formée ni selon les règles de la monarchie, ni sur celles du gouvernement populaire ; son véritable gouverneur et souverain était Dieu même, en sorte qu'elle pouvait être appelée une Théocratie, ou gouvernement divin. En effet, les prêtres et les juges supérieurs ne jugeaient que comme délégués du Seigneur ; ils exerçaient son autorité ; ils étaient assis, en quelque sorte, sur son tribunal, en présence de son arche, et dans le lieu qu'il avait choisi. Tous les différends se terminaient selon ses lois ; souvent ceux qui étaient établis en autorité étaient inspirés de son esprit, et toujours ils avaient l'urim et le thummim (1), par le moyen desquels le grand-prêtre découvrait sûrement la volonté du Seigneur dans les affaires importantes. D'où cette exclamation bien justifiée du même auteur : Quelle forme de gouvernement peut donc être plus parfaite que la nôtre !

Pour résumer dans une courte récapitulation cette première période sur les divers états de la police israélite depuis Moïse jusqu'aux Machabées, voici ce qui nous reste à dire :

Si on y prend garde, ce fut sur ce mode de constitution judiciaire qu'aux diverses époques de la république judaïque on s'est, autant que possible, toujours modelé. Sans doute cette discipline ne fut pas en tout temps et en tout lieu toujours uniforme et parfaite ; il fallait compter avec les difficultés de temps et de circonstances. Ainsi quand Josué fut entré, après la mort de Moïse, dans la terre promise, il lui fallut tout d'abord penser à la conquête et au partage du pays. Bientôt et presque concurremment avec cette prise de possession on vit, sous un chef si sage et si zélé, régner une paisible observance des lois. Josué, devenu vieux, assemble à Sichem tout Israël, les anciens, les princes, les chefs et les magistrats établis pour l'administration de la justice, et y renouvelle avec eux l'alliance entre Jéhovah et son peuple. (Josué, 23 et 24.) Pendant vingt ans encore, sous Samuel, cette uniformité de conduite dans l'ordre des prescriptions mosaïques s'observa scrupuleusement au bénéfice des

____

(1) Sortes d'ornements propres au souverain sacrificateur des Juifs.

Israélites. On se rappelle comment ce prophète de la droite de Dieu visitait en personne, chaque année, la province et se transportait tour à tour à Béthel, à Galgala et à Masphat, pour y rendre la justice à ses sujets; on y voit même des anciens et des juges subalternes venir lui soumettre les affaires importantes. Samuel décide souverainement au nom du Seigneur. Sans doute cet ordre de choses subira quelque modification sous les rois. Toutefois, si d'un côté Saül et surtout David et Salomon son fils s'attachaient en personne à rendre la justice à la porte de leur palais, ils n'en laissaient pas moins aux anciens et aux prêtres une certaine juridiction. Après la mort de Salomon et à partir du schisme des dix tribus, on le comprend, l'ordre et la police durent avoir étrangement à souffrir; aussi ne doit-on plus chercher désormais que dans le royaume de Juda, considérablement amoindri par le schisme des dix tribus, la tradition et la conservation de l'ancienne discipline.

Ainsi voyons-nous le sage roi Josaphat confirmer l'ordre de choses réglé par Moïse, par l'établissement, dans toutes les villes de Juda, de juges, auxquels il recommanda scrupuleusement la vigilance, l'attention, l'amour de la justice. Il constitua de plus à Jérusalem deux tribunaux, l'un de prêtres et de lévites, et l'autre de princes des principales familles de la nation; le premier sous la présidence du grand-prêtre connaissait de ce qui regardait Dieu et la religion; l'autre, avec un prince de Juda pour président, connaissait de ce qui touchait le roi et l'Etat. Nous retrouvons ces mêmes tribunaux sous Joakim, roi de Juda, et ses successeurs. A en juger par ce que nous lisons en Daniel (XIII, 28) au sujet du procès et de l'accusation de la chaste Suzanne, les Juifs n'avaient pas, même durant la captivité de Babylone, été complétement deshérités de juges régulièrement constitués. Vienne leur retour dans leur patrie, personne n'ignore avec quelle sollicitude Esdras s'occupa de la restauration de toutes choses et surtout en matière de police.

Au rapport de l'historien juif, le gouvernement se présenta de ce moment sous une forme aristocratique mêlée d'oligarchie; les prêtres y jouirent de la principale autorité jusqu'à la venue des Asmonéens, sous le règne desquels reparaît la forme monarchique. Ce fut vers cette date que le grand-prêtre Jaddus, en sa qualité de prince des Juifs, reçut à Jérusalem Alexandre le Grand. Durant les persécutions suscitées par les Antiochus, l'économie du gouvernement, et, par suite, de la police, eut nécessairement beaucoup à souffrir; mais bientôt tout rentra dans l'ordre sous la sage et ferme direction de Matathias et de ses fils. Jonathas, père et successeur de Judas, réunit dans sa personne le sacerdoce et l'autorité souveraine, et gouverna le pays de concert avec le sénat; le peuple toutefois, il faut bien le remarquer, n'était pas sans prendre quelque part aux délibérations. C'est alors et alors seulement que l'on vit apparaître, pour la première fois, le fameux Sanhédrin ou souverain sénat juif. Ici finit la première période annoncée de la police judaïque. — Il ne peut entrer dans notre plan de suivre maintenant les divers changements auxquels fut soumise la forme du gouvernement et de la police chez les Juifs pendant les diverses révolutions qu'il leur fallut subir, des Machabées jusqu'à l'entière soumission de la nation au temps de Notre-Seigneur et l'abolition, par Hérode le Grand, de la souveraine sacrificature dans la famille asmonéenne ; cette suprême dignité ne sera plus qu'élective et abandonnée à l'arbitraire des princes ; notre principal objectif est désormais le trop fameux conseil des Juifs, dit Sanhédrin ; son histoire fait l'objet de cette deuxième période de l'état judiciaire chez les Juifs.

II. Parmi les assemblées qui sont demeurées responsables devant la postérité, écrivent les abbés Lemann, il en est une sur laquelle pèse une responsabilité exceptionnelle : c'est l'assemblée qui présida aux derniers jours de la vie nationale du peuple juif. Ce fut elle qui fit comparaître et condamna Jésus-Christ. Elle porte dans l'histoire un nom à part ; on l'appelle le *Sanhédrin*.

Sanhédrin, ou Sanhédria, du mot grec συνέδριον, signifie *assemblée de gens assis*, comme celle des parlements et des cours souveraines. Ce tribunal suprême à l'instar de l'Aréopage d'Athènes est encore désigné sous la dénomination de *beth-din*, maison du jugement des soixante-dix, *domus judicii septuaginta*. Le second livre des Machabées l'appelle γετροῦσια, ou sénat (I, 10 ; XI, 27) ; la Vulgate : *concilium (concessus, conventus, collegium)*, conseil, assemblée, sénat, collége. (Matth., v, 22 ; XXVI, 59. — Marc, XIII, 9 ; XIV, 55 ; XV, 1. — Luc, VII, 3 ; XXII, 52, 66. — Jean, XI, 47. — Act., IV, 15 ; V, 21.) — Le Talmud le nomme quelquefois *tribunal des Asmonéens* ou *Machabées*, mais le plus ordinairement Sanhédrin. Tous ces noms, font observer les frères Lemann, sont équivalents ; mais c'est celui de Sanhédrin qui a communément prévalu dans l'histoire. Il est employé dans le texte grec des Evangiles, par l'historien Flavius Josèphe et les écrits rabbiniques. (Josèphe, *Ant.*, l. XIV, ch. v, n° 4. — *Guerre des Juifs*, I, VIII, 5. — *Talmud*, traité *Sanhédrin*.) Au rapport de Tite-Live, les Macédoniens, pourrions-nous ajouter, donnaient de même à leurs sénateurs le nom de *synedri*. « *Pronuntiatum quod ad statum Macedoniæ pertinebat, senatores, quos synedros vocant, legendos esse, quorum consilio res publica administraretur* ». (Liv., XLV, c. 42.)

Ici se présente tout d'abord la question si longtemps controversée sur l'origine et l'antiquité du Sanhédrin. A en croire les rabbins, cette institution, non compris le président, se composait de soixante-dix juges et remontait, selon eux, jusqu'aux soixante-dix anciens d'Israël, dont il a été précédemment question. Ce grand conseil, ou haute cour de justice, se serait ainsi continué sans interruption jusqu'à la conquête des Romains sous Vespasien, et même longtemps après. Ce ne serait que dans les derniers temps qu'il aurait modifié son nom. De telles prétentions, on en convient, ne sont guère justifiées ; d'ailleurs le conseil des anciens, élu par Moïse, ne dura qu'un temps très-limité. Créé pour soulager Moïse dans l'administration de la justice, il disparut dès l'entrée des Hébreux dans la terre promise. Que l'institution mosaïque dans le désert ait été en quelque chose le modèle du grand Sanhédrin, rien ne s'y oppose ; mais inutile de chercher des traces de son existence au delà de l'époque Machabéenne, il n'en est fait nulle mention dans la Bible, ni par Josèphe ou Philon, jusqu'à Jonathas, fils et successeur de Judas Machabée ; ce n'est donc que vers cette date, c'est-à-dire environ deux cents ans avant notre ère, qu'il convient de placer la fondation de cette haute assemblée sénatoriale. Le silence de l'histoire sur son existence sous les sages et les rois, en un mot aux temps antérieurs à la captivité de Babylone, est la preuve la plus forte qu'elle lui est postérieure. Depuis cette époque au contraire, nous l'avons vu, il en est maintes fois fait allusion dans l'Evangile et chez les historiens. Ainsi voyons-nous Jonathas de concert avec le grand-prêtre, envoyer des ambassadeurs aux Romains. Au rapport des rabbins, Alexandre Jannée, troisième fils d'Hircan, roi des Juifs et de la race des Asmonéens, comparut devant le Sanhédrin, et voulut s'y asseoir malgré les sénateurs. Josèphe nous apprend à son tour qu'Hérode, n'étant encore que gouverneur de Galilée, fut cité devant ce même conseil, d'où il faut conclure l'existence de cette haute assemblée avant Hérode. Subsista-t-il postérieurement à cette date, il n'y a pas à en douter, si on consulte l'Evangile et les Actes des Apôtres.

Outre les divers passages déjà cités, on pourrait encore relire, dans nos *Tableaux évangéliques*, diverses réflexions sur cet objet. (T. I, 251, 395 ; t. II, 99, 233, 413, 415, 418.)

Qui ne connaît d'abord l'ambassade du Sanhédrin à Jean-Baptiste dans le désert? La parole puissante et étrange de ce nouvel Elie, son genre de vie austère, son costume singulier et pénitent, les prodiges qui venaient d'éclater au baptême de Jésus-Christ, sur les bords du Jourdain, avaient ému et intrigué les grands de Jérusalem et le haut conseil de la nation en particulier. Le tribunal souverain du Sanhédrin ne manqua point d'intervenir, mais avec des dispositions bien peu bienveillantes, pour ne pas dire hostiles ; il envoya donc vers le saint précurseur des députés composés de prêtres et de lévites. Le récit de ce curieux colloque nous est rapporté dans l'évangile du troisième dimanche de l'Avent.

Veut-on un autre exemple de la vitalité et des dispositions malignes de ce haut conseil au temps de Notre-Seigneur ? Qu'on se reporte aux circonstances si intéressantes de la guérison de l'aveugle-né. Le courageux prosélyte est amené devant le Sanhédrin, appelé à constater les détails de sa guérison, ou plutôt à y rechercher matière à incrimination. Ce fut une enquête de forme : dénonciation du fait, témoins appelés, informations, jugement ; rien n'y manqua. Vaincus par l'évidence, à bout d'arguments, la mauvaise foi des synédrites est insigne; ils s'en prennent à la circonstance du sabbat et condamnent le divin Auteur du miracle, et le miraculé lui-même à la peine d'excommunication.

Ne les voyons-nous pas encore à l'occasion de la résurrection merveilleuse de Lazare s'assembler à la hâte : juges passionnés et prévenus, ils ne peuvent songer à nier l'étrange prodige qui vient de leur être dénoncé ; tous leurs efforts se borneront à trouver les moyens d'en atténuer les effets sur le peuple. De ce moment, ils ne pensent plus qu'à se saisir de l'Auteur du miracle et à le faire mourir.

Il nous resterait à signaler la conduite illégale et révoltante de cette infâme assemblée. Ce travail existe : tout récemment encore deux célèbres frères convertis, les deux abbés Lemann, n'ont pas craint, à l'aide de documents juifs de la plus haute importance et d'une autorité irrécusable, de déchirer le voile derrière lequel leurs infortunés coreligionnaires s'obstinent à se cacher et à tenir ainsi la vérité captive.

Examiner ce que valaient, comme personnes, les membres du Sanhédrin au temps de Jésus-Christ, examiner ce que vaut, devant le droit hébraïque, sa procédure contre le Sauveur ; en un mot, *valeur des personnes, valeur des actes*, telles sont les deux parties de cette intéressante et lumineuse étude. La première, observent ces deux illustres fils d'Israël, n'a jamais été entreprise. La difficulté de se procurer les parchemins juifs, de les déchiffrer, de les explorer, pour retrouver çà et là des renseignements sur les différents membres qui constituaient le Sanhédrin à cette époque, a toujours arrêté les historiens. Aussi se sont-ils généralement bornés à juger de toute l'assemblée par deux personnages plus en relief : Anne et Caïphe.

La seconde a déjà été tentée, il y a trente ans, dans un opuscule resplendissant de clarté, de science, et, l'on peut ajouter, de respect pour notre divin Sauveur. Il est intitulé : *Jésus devant Caïphe et Pilate*. Ce savant et lumineux travail est dû à la plume de l'honorable M. Dupin, ancien procureur général à la Cour de cassation.

Pour caractériser les actes étranges de cet aveugle sénat, il n'y aurait qu'à considérer, par une simple vue rétrospective, les principaux incidents qui amenèrent la condamnation injustifiable, à tous points de vue judiciaires, de Jésus-Christ. Il faudrait pour cela d'abord remonter aux derniers jours de septembre, mois de Tisri chez les Hébreux, l'an trente-troisième de notre ère. Nous voyons, en effet, d'après saint Jean, ch. VII, 37, etc., les pharisiens, jaloux de la popularité du Sauveur, provoquer contre lui une première réunion du Sanhédrin. Un décret d'excommunication ou d'exécration fut le résultat de ce premier conciliabule ; l'ancienne Synagogue distinguait, en effet, trois degrés d'excommunication ou d'anathème : la séparation *(niddui)*, l'exécration *(chœrem)*, la mort *(schammatha)*. Par la séparation l'accusé était condamné à vivre isolé durant trente jours. Toutefois il pouvait fréquenter le temple, mais dans une place spéciale. Ce premier degré de l'anathème n'était point exclusivement réservé au Sanhédrin. L'*exécration* entraînait une séparation complète de la société judaïque. Par le second anathème, on était exclu du temple et voué au démon, le Sanhédrin seul pouvait le prononcer. Le troisième degré, enfin, ou la *mort*, étant le plus formidable des trois, il était d'ordinaire réservé aux faux prophètes. Le Sanhédrin tout entier le prononçait solennellement et au milieu des plus horribles malédictions. Or, tout fait supposer que cet indigne sénat, qui n'hésita pas à lancer l'exécration contre les partisans du Christ, dut, dans la même séance, délibérer s'il ne prononcerait, contre le Christ lui-même, le *schammatha*, ou la peine de mort. Et cependant il n'y a point eu encore de comparution, ni d'interpellations, ni sur sa doctrine, ni sur ses miracles, d'où cette judicieuse parole de Nicodème : Est-ce que notre loi condamne un homme sans l'avoir au préalable entendu et savoir ce qu'il a fait? (Jean, VII, 51.) La deuxième réunion du Sanhédrin eut lieu au mois de février (Adar), l'an trente-quatre de Jésus-Christ, quatre mois et demi environ après la première ; l'occasion, nous l'avons signalée, fut la résurrection de Lazare. Beaucoup d'entre les Juifs, qui étaient venus près de Marie et de Marthe et avaient été témoins du miracle, crurent en Jésus. Mais quelques-uns d'entre eux allèrent vers les pharisiens et leur dirent ce qu'ils avaient vu. Les pontifes donc et les pharisiens *assemblèrent le conseil*, et ils disaient : Que faisons-nous ; car cet homme opère beaucoup de miracles ? Si nous le laissons ainsi, tous croiront en lui, et les Romains viendront, ruineront notre pays et notre nation. Mais l'un d'eux, nommé Caïphe, qui était le pontife de cette année-là, leur dit : Vous n'y entendez rien, et vous ne pensez pas qu'il vous est avantageux qu'un seul homme meure pour le peuple, et non pas que toute la nation périsse... Dès ce jour donc ils pensèrent à le faire mourir... Or les pontifes et les pharisiens avaient donné ordre que, si quelqu'un savait où il était, il le déclarât, afin de le prendre. (Jean, XI, 46 et s.)

L'arrêt de mort contre Jésus est définitivement arrêté ; et, cet arrêt injustifiable, le grand-prêtre l'a prononcé de lui-même, de sa propre autorité ; il n'y a plus, dans une troisième réunion, qu'à déterminer le temps et les moyens de se saisir de la victime ; elle fut tenue une vingtaine de jours après la seconde, un mercredi, deux jours avant la Passion. « Cependant approchait la fête des Azymes, qu'on appelle Pâque. Et les princes des prêtres et les scribes cherchaient comment ils pourraient faire mourir Jésus ; mais ils craignaient le peuple... Alors les princes des prêtres et les anciens du peuple s'assemblèrent dans les salles du grand-prêtre, appelé Caïphe, et tinrent conseil pour se saisir de Jésus par ruse, et le faire mourir. (Luc, XXXII, 1-3 ; Matth., XXVI, 3, 4.)

Au reste, quiconque voudrait suivre et supputer les illégalités et irrégularités sans nombre dans ces diverses sortes de conciliabules, n'aurait qu'à lire les deux opuscules déjà cités. Il ne pourrait, à cette lecture, que se récrier et condamner avec indignation la violation par le Sanhédrin de toute forme et de toute justice.

Les princes des prêtres et les chefs de la Synagogue sont au comble de leur joie ; ils sont avides du sang du Messie et pressés de le répandre ; volontiers ils eussent passé de la sentence à son exécution : Dieu ne le permit pas ; il restait à accomplir plusieurs prophéties. Le divin Captif venait de dire à son départ d'Ephrem : « Voilà que nous montons à Jérusalem, et le Fils de l'Homme sera livré aux princes des prêtres et aux scribes, et ils le condamneront à mort. Et ils le livreront aux Gentils pour être moqué et flagellé et crucifié. (Matth., XX, 18, 19.) Le Sanhédrin a prononcé la sentence de mort ; mais, pour qu'elle ait son effet, il lui faut la sanction d'un pouvoir étranger. On l'a vu, ce haut conseil national des Juifs, de faible et chancelant à son origine s'était bientôt élevé à un tel degré d'autorité et de pouvoir, qu'il était devenu redoutable même à ses maîtres. Ce pouvoir fut la cause de sa ruine. Le Romain, jaloux de son autorité, n'oublia rien pour le rabaisser. C'en est fait de la vitalité du peuple juif ; il a été mortellement atteint dans sa propre existence du jour de son inique jugement contre le Sauveur des hommes ; elle ne sera plus qu'une lente agonie ; ses actes postérieurs ne seront plus en réalité que des sortes de soubresauts et de soupirs d'agonisants. Déjà, depuis plus d'un siècle, le sceptre de Judas est brisé. Les étrangers sont devenus ses maîtres et exercent seuls les actes de la souveraineté ;

le droit de vie et de mort est passé du Sanhédrin entre les mains du gouverneur romain. Son autorité désormais presque annihilée se borne à connaître des causes qui concernent la loi et à imposer aux coupables des peines qui ne vont point à la mort... Aussi, plus de tribunal en règle, plus d'assemblée de juges, reconnue par tous les Juifs, et exerçant sur la nation une juridiction pleine et absolue. Ce n'est, en un mot, qu'une ombre de justice, mais justice sans glaive... Quelque temps encore et jusqu'à la destruction, si l'on veut, de Jérusalem et du temple, les vainqueurs laisseront aux vaincus une apparence de vie : les tribunaux s'assemblent, on délibère, on explique la loi ; mais, quand il s'agit d'exécuter une sentence capitale, on s'arrête, on s'incline devant l'épée de César, qui frappe ou absout selon son bon vouloir. Les Juifs, en rejetant le Sauveur, prononcèrent eux-mêmes l'arrêt de leur condamnation, arrêt qui s'accomplit au moyen des armes de Titus, par la ruine de Jérusalem. Dès lors, ils cessèrent d'exister en corps de nation et se dispersèrent peu à peu dans tous les pays et parmi tous les peuples de la terre. La destruction de la ville et du temple, et la dispersion ou la captivité de la nation déicide, furent en même temps le signal de l'abolition définitive du pouvoir du Sanhédrin. On ne rencontre plus nulle part de tribunal en règle, d'assemblée de juges, reconnue par tous les Juifs, et exerçant sur la nation une juridiction pleine et absolue ; en vain, désormais, chercherait-on quelques débris du Sanhédrin exerçant sur les restes de leur nation une ombre d'autorité empruntée. Toutefois, nous avons vu, à la suite de la ruine de leur antique cité, plusieurs de ses membres se retirer à Jamnia ; là, de concert avec la synagogue fondée en cette dernière ville, ils essayèrent de se reconstituer en tribunal suprême. Vaines tentatives ! il ne fut qu'une pâle copie de l'ancien. Sa translation à Tibériade, sous Marc-Aurèle, ne fut pas non plus suivie de longs jours de survivance. Et bientôt, sous Constantin, l'on verra leurs principales villes, Tibériade, Diocésarée, Diospolis, ruinées, en punition de leurs fanatiques et incessantes insurrections.

Finalement, l'histoire nous apprend qu'au troisième siècle fut posée la base du Talmud qui devait peu à peu devenir et demeurer, jusqu'à nos jours, le code du judaïsme, sorte de compilation, hélas ! bien indigeste. Inutile de rappeler pour mémoire l'assemblée des notables juifs, convoqués par Napoléon, en 1806, sous la dénomination alors bien usée de Sanhédrin ; l'objet de cette réunion était de délibérer sur les devoirs et les droits civils de leurs coreligionnaires.

A la suite de cet aperçu sur l'origine et l'existence, à proprement dire bien éphémère, du Sanhédrin, se présente notamment un court historique sur sa composition ou organisation extérieure.

A cette époque, ferons-nous d'abord remarquer, le gouvernement judiciaire se divisait en trois catégories ou degrés de juridiction auxquels on portait toutes les causes.

Le premier tribunal, celui du plus bas siége de justice, composé de trois membres, était désigné sous les dénominations suivantes : De *triumvirat*, si on considère le nombre des juges qui le formaient, *domus judicii triumvirum ;* de *jugements pécuniaires (Dine mammonoth)*, si on envisage son objet ; il ne connaissait en effet que de fautes légères, de minimes différends entre particuliers, d'intérêts pécuniaires, etc... C'étaient les parties, observe-t-on, qui nommaient leurs juges ; une des parties choisissait son juge, l'autre partie en nommait un second ; et les deux juges ainsi désignés en prenaient un troisième avec lequel ils décidaient. Chaque bourgade de cent vingt citoyens avait droit, il paraît, à ce tribunal de dernier ordre.

Le second tribunal, ou petit Sanhédrin, se composait de vingt-trois juges, en partie prêtres, et en partie chefs de famille ; d'où cette appellation : *Domus judicii viginti trium*. Leurs jugements s'appelaient *Dine Nephasoth*, jugements des âmes. Ce tribunal dit du *Jugement* et désigné par la Vulgate, notamment dans l'Evangile du cinquième dimanche après la Pentecôte, par le terme de *judicio*, siégeait dans chaque ville assez importante : sa fonction était de juger sans appel les causes légères, et, avec appel au conseil supérieur, les causes graves même capitales.

Quant au troisième tribunal, ou grand Sanhédrin, on convient généralement qu'il était composé, non compris le président, de soixante-dix juges, *domus judicii septuaginta*. Voici à l'occasion du second degré de supplice, ou de ce tribunal du conseil mentionné dans l'Evangile précité, les réflexions de Bossuet : Au-dessus du jugement où l'on punissait les crimes particuliers jusqu'à la mort, s'il le fallait, il y avait le Sanhédrin, ou le conseil suprême de la nation, qui était d'autant plus sévère, qu'on y jugeait les crimes publics qui regardaient l'état du peuple de Dieu dans la religion et dans le gouvernement, sans aucun appel. Pour exprimer le juste supplice de celui qui s'emporterait au second degré de colère, c'est-à-dire, jusqu'à témoigner sa haine par quelques paroles de fureur ou de mépris, Jésus-Christ va de ce degré à ce qu'il y a de plus rigoureux et de plus inévitable parmi les hommes, qui est la rigueur extrême du souverain conseil de la nation ». (*Méd. sur les Ev.*, 13ᵉ, t. III, 27.)

Cette haute cour judaïque se distribuait elle-même en trois chambres, composées d'ordinaire, outre les présidents, de vingt-trois membres chacune ; c'étaient : la chambre des prêtres, aussi appelés grands-prêtres ou archiprêtres ;

La chambre des scribes, ou docteurs de la loi ;

La chambre des anciens, ou sénateurs.

Cette constitution du Sanhédrin par les trois ordres principaux du gouvernement judaïque chez les Juifs est d'ailleurs affirmée par tous les écrivains du temps, chrétiens et hébreux, et de plus formellement indiquée dans l'Evangile. (Marc., xv, 1 ; — Matth., xvi, 21 ; xvi, 57 ; — Act., iv, 5, 6 ; v, 21, 24, 27.) Bien que de date récente, cette haute assemblée, formée des prêtres, des scribes et des anciens, avait cependant un précédent dans l'histoire juive ; nous l'avons insinué en son temps. Sans parler du fameux conseil des soixante-dix anciens sous Moïse, nous lisons au deuxième livre des Paralipomènes (xix, 8) que le roi Josaphat avait établi à Jérusalem des lévites, des prêtres et des chefs de famille d'Israël.

La première chambre, celle des prêtres, son nom l'indique, était exclusivement prise dans l'ordre sacerdotal ; elle pourrait être désignée sous la dénomination d'ailleurs justifiée de conseil des grands-prêtres ou de princes des prêtres. En effet, à cette époque de désorganisation et de compétitions vénales, les grands-prêtres se succédaient à peu près annuellement et une fois déchus prenaient de droit place dans les rangs de cette première classe du Sanhédrin ; de la fusion de ce double élément s'explique naturellement l'expression à première vue inexacte de grands-prêtres et de prêtres employée indifféremment par les évangélistes (1).

Du nombre de ces pontifes, pour la plupart de misérables intrus, et partant assez peu honorables, nous pouvons citer d'abord deux noms célèbres et connus de tous, Caïphe et Anne.

Caïphe, ou Kaïphas, signifie en hébreu *Pierre ;* il se nommait d'abord Joseph. Il était gendre de l'ambitieux Anne et occupa la souveraine sacrificature pendant tout le gouvernement de Ponce-Pilate, c'est-à-dire durant environ onze ans.

Caïphe, paraît-il, était un homme ordinaire, peu versé dans la science de la loi et la jurisprudence mosaïque, chose du reste assez commune à une époque où l'argent et l'ambition, bien plus que le mérite, créaient les grands-prêtres. Il n'était donc que l'instrument docile et aveugle de son rusé et cruel beau-père.

De la secte impie des Saducéens, on sait comment il se conduisit dans les débats contre le divin Sauveur. « Caïphe », observe un commentateur protestant », aurait dû être, en tant que souverain sacrificateur, le vrai rocher de l'Eglise de Dieu ; mais il n'en fut que la carricature, et *Simon Pierre fut mis à sa place* ». C'est ce même pontife, écrit à son tour M. Dupin, qui, s'il veut rester juge, est évidemment récusable ; car dans une précédente réunion il s'est constitué l'*accusateur* de Jésus, avant même de l'avoir vu et entendu. Il l'a proclamé digne de mort. Il a dit à ses collègues qu'il était utile qu'un seul mourût pour tous.

Après Caïphe, grand-prêtre, cette année-là, suivant l'ironique remarque de l'évangéliste, venait le vieil Ananus ou Anne, qui précédemment avait occupé, pendant sept ans, le siége d'Aaron. Ce personnage, important à raison de son ancienneté et de ses titres, continuait à être consulté sur toutes les questions graves. On peut même dire qu'au milieu de l'instabilité, il conserva au fond toute l'autorité. C'était lui qui menait tout le collége des prêtres ; et, après avoir été dépouillé du souverain pontificat, il avait su pousser son gendre, afin de pouvoir derrière lui tout diriger et tout conduire et assurer ainsi son influence dans toutes les affaires.

On comprend dès lors la part immense qu'il prit dans le procès informe et la condamnation sans précédent du Sauveur.

« Alors », dit saint Jean, « ils l'emmenèrent d'abord chez Anne, parce qu'il était le beau-père de Caïphe, qui était le pontife de cette année-là ».

---

(1) On comprend dès lors pourquoi les évangélistes parlent à chaque page de l'assemblée des grands-prêtres ou des princes des prêtres, bien qu'il ne pût y en avoir qu'un en fonction. Cette expression est donc parfaitement exacte, puisque les ex-pontifes continuaient à faire partie du grand conseil. On en comptait à peu près une douzaine à cette époque.

Par considération pour le vieux pontife, Caïphe, suivant la remarque de Berruyer, avait ordonné que, dès qu'on se serait saisi de Jésus, on le conduisît chez Anne, afin que celui-ci l'interrogeât le premier. Ce n'était là, au fond, qu'une déférence dont on comptait bien que le vieillard ne se prévaudrait pas, et qui ne devait apporter aucun retard à la conclusion, telle que l'indigne pontife l'avait publiquement préjugée ».

L'ex-grand prêtre, fait-on remarquer d'ailleurs, versé depuis longtemps dans toutes les ruses de la politique, avait eu la principale part au coup de main qu'on venait d'exécuter sur la personne du Sauveur ; il avait même su faire prévaloir son avis dans le conseil, contre ceux qui ne voulaient pas qu'on s'emparât de Jésus-Christ pendant la fête. Aussi, Anne, qui, à raison de son autorité et de sa considération auprès de sa nation, se voyait revêtu du titre honorifique de pontife, était-il impatient de se repaître des humiliations de sa victime (1).

Pendant cinquante ans, le pontificat demeura presque sans interruption dans sa famille ; et cinq de ses fils et son gendre en furent successivement revêtus. Aussi cette famille, suivant l'observation des frères Lemann, se faisait-elle appeler « la famille sacerdotale », comme si le sacerdoce y était devenu héréditaire. Les grandes charges du temple lui appartenaient également.

Inutile de donner ici la nomenclature des autres pontifes en exercice, à l'époque du procès de Jésus et dont l'histoire nous est connue ; ils sont au nombre de seize. Cette dignité, dans le principe entourée du respect de tous, avait, dans ses derniers temps, perdu toute considération. Aussi· le peuple en était-il venu jusqu'à appeler ses grands-prêtres des idoles d'or et d'argent. Que dis-je ? Au rapport des rabbins eux-mêmes, ces hautes fonctions étaient devenues l'objet d'un véritable trafic et d'une honteuse ambition ; d'où cet aveu du savant israélite, M. Dérembourg : « Quelques familles sacerdotales, aristocratie puissante et brillante, qui n'avaient aucun souci pour les intérêts et la dignité de l'autel, se disputaient les places, les influences et les richesses ».

Après la chambre des prêtres, la plus noble des trois, celle des scribes ou docteurs en Israël, passait pour la plus considérée et formait le corps savant de la nation. La plupart de ses membres, fastueusement décorés du titre de sages, de docteurs, étaient dominés par un fol orgueil et une jalouse vengeance ; ils sont tout infatués d'eux-mêmes et dédaigneux d'autrui. On sait en quels termes Notre-Seigneur les stigmatise, en s'adressant au peuple et à ses disciples : « C'est sur la chaire de Moïse que sont assis les scribes et les pharisiens. Ainsi, tout ce qu'ils vous diront, observez-le et faites-le, mais n'agissez pas selon leurs œuvres ; car ils disent et ne font pas..., ils font toutes leurs œuvres pour être vus des hommes..., ils aiment les premières places dans les festins et les premiers siéges dans les synagogues, les salutations dans les places publiques, et à être appelés maîtres par les hommes... (Matth., XXIII.) Tout ce chapitre, du reste,

(1) La condamnation de Jésus fut le dernier acte judiciaire proprement dit exécuté par le Sanhédrin. De ce moment, il tomba dans un tel abaissement, par l'indignité des membres dont il était composé, qu'il pouvait être convoqué par un officier romain, et qu'on ne distinguait plus le grand-prêtre des autres membres.

est rempli de malédictions contre cette caste, guides aveugles, pleins d'hypocrisie et d'iniquité, de souillures et de rapine, semblables, il est vrai, au dehors, à des sépulcres blanchis, mais, au dedans, tout remplis d'ossements de morts.

Tel est le portrait tracé par main de maître de ces prétendus sages ! Rien n'égale leur jactance insensée et leur incroyable suffisance en eux-mêmes. Aussi, après la ruine de leur cité par Titus, entendra-t-on Rabbi Judas s'écrier follement : « Si Jérusalem a été dévastée, il ne faut en chercher d'autre cause que le manque de respect à l'égard des docteurs ».

Entre tous ces prétendus sages criminellement épris d'eux-mêmes, dont les noms nous sont en partie parvenus, il convient de faire une ré-serve bien légitime en faveur du vertueux et docte Gamaliel et de son digne fils, nommé Siméon. Gamaliel, surnommé l'Ancien, de la race de David et petit-fils du célèbre Hillel, jouissait d'une très-grande considé-ration dans sa nation ; aussi, le Talmud a-t-il pu dire de lui : « Le rabbin Gamaliel mort, c'est la gloire de la loi qui disparut ». Ce fut aux pieds de ce très-honorable docteur que Saul, plus tard devenu saint Paul, et après lui Barnabé et le proto-martyr Etienne apprirent la loi et les tra-ditions juives. Nous le voyons en une circonstance solennelle et en pré-sence du grand conseil, défendre courageusement les apôtres injustement poursuivis : « Hommes d'Israël », s'écrie-t-il en présence de toute l'assemblée, « prenez garde à ce que vous ferez à l'égard de ces hommes... Cessez de les tourmenter, mais laissez-les aller ; car, si cette entreprise ou cette œuvre est des hommes, elle se dissipera. Si elle est de Dieu, vous ne pourrez la détruire, et peut-être que vous vous trouveriez com-battre contre Dieu même ». Le Sanhédrin acquiesça à ce sage avis. (Act. des Ap., v, 35.) — Peu de temps après, ce fier champion de la justice se fit chrétien et mérita d'être mis au nombre des saints. Il en est fait men-tion au *Martyrologe* au 3 août. Il mourut dix-huit ans avant la ruine de Jérusalem. Siméon siégea comme son père et même en qualité de prési-dent dans le haut conseil des Juifs ; il ne paraît point toutefois, à son exemple, avoir embrassé le christianisme. Les livres rabbiniques le tiennent en honneur, et voici entre autres les sentences qu'on lui prête : « Elevé depuis ma naissance au milieu des savants, je n'ai rien trouvé qui vaille mieux pour l'homme que le silence. — La doctrine n'est pas la chose principale, mais l'œuvre. — Qui a l'habitude de beaucoup parler tombe facilement dans l'erreur ».

Mais passons à la chambre dite des anciens, ou sénateurs.

Cette troisième chambre se composait de personnages assez obscurs ; aussi les noms ne sont-ils arrivés à nous qu'en très-petit nombre. Ici en-core, deux illustres exceptions dans les personnes de Joseph d'Arimathie et de Nicodème. Ces deux nobles Israélites, de la ville d'Arimathie en Ga-lilée, avaient de bonne heure reconnu Jésus pour le Messie ; mais la crainte des Juifs ou plutôt de leurs collègues dans le grand conseil, les avait, dès le principe, empêchés de le confesser publiquement. Cependant, ils l'aimaient. Le danger de mort où était le bien-aimé encouragea l'amour. Nous ne pouvons douter que Joseph ne se soit, ainsi que Nicodème, déclaré hautement pour le Seigneur, dès que le Sanhédrin se fut réuni contre lui. Le témoignage rendu ouvertement à Jésus, au milieu de ses ennemis, attire de nouvelles grâces sur la tête de celui qui le rend... Aussi, les voyons-nous ouvertement empressés à recueillir sa dépouille sacrée dans un linceul neuf. Voici, en particulier, l'éloge que l'Evangile fait de Joseph : « Homme riche... Aussi disciple de Jésus... Noble décurion qui lui-même attendait le royaume de Dieu... Homme bon et juste qui n'avait consenti ni au dessein, ni aux actes des autres ». (Matth., XXVII, 57, — Marc, XV, 43, — Luc, XXIII, 50. — Le texte grec plus explicite lui donne les titres d'*illustre* et de *sénateur*, εσχήμων βουλευτής.)

D'un autre côté, Nicodème, pharisien de profession, homme riche et puissant, était également membre du Sanhédrin et maître en Israël. Lui aussi prit hardiment en face de ses collègues la défense de Jésus-Christ.

« Mais de ce moment », rapporte Gamaliel, « ses collègues, informés de sa conversion à la religion du Christ, le déposèrent de sa dignité, l'anathématisèrent et finirent par le chasser de leur ville. En cette occurrence, moi, Gamaliel, plein de considération pour ce persécuté, je l'ai emmené sur mes terres, je l'ai nourri, vêtu jusqu'à la fin de sa vie, et après sa mort, je l'ai honorablement enseveli auprès de notre maître Etienne ». (Cornel., en saint Jean, ch. III, 14.) « Il est certain », ajoute le docteur Sepp, « que Nicodème siégea dans le grand conseil en même temps que le prêtre Jean, dont parlent les Actes des apôtres ». Son nom est inscrit dans le catalogue, ainsi que celui de Joseph d'Arimathie, à côté de celui de Gamaliel.

Si nous ne craignions, et non sans raison, de nous trouver en contradiction avec la conduite morale de la presque totalité des soixante et onze membres qui, à ce moment, constituaient le Sanhédrin, nous dirions, d'après les rabbins, les qualités personnelles exigées pour occuper dignement cette haute dignité. Leur naissance devait d'abord être entourée d'honneur et d'une certaine distinction. Ils devaient être instruits dans la jurisprudence de la loi écrite et non écrite ; on les obligeait même à étudier la magie, la divination, les sortiléges, la médecine, l'astrologie, l'arithmétique, et, de plus, toutes les langues, et certes les Juifs n'en comptaient pas moins de soixante-dix ! Etaient exclus du Sanhédrin les eunuques, les usuriers, les joueurs de jeux de hasard et ceux qui faisaient trafic de fruits dans l'année sabbatique. Enfin, on voulait que tous les membres qui le composaient fussent d'un âge mûr, riches et bien faits de corps et de visage.

La charge de juge, ajouterons-nous, n'était point dans le principe chez les Israélites, héréditaire, mais à vie. Les gouverneurs n'étaient que les lieutenants de Dieu, qui en était seul vrai monarque ; c'était lui qui suscitait les juges et qui leur donnait toute leur autorité. Lorsque les Hébreux demandèrent un roi comme en avaient les autres peuples des environs, Dieu dit à Samuel : « Ce n'est point vous qu'ils ont rejeté, c'est moi, puisqu'ils ne veulent plus que je règne sur eux ». Quand, antérieurement, on avait offert la royauté à Gédéon, et à sa postérité après lui, n'avait-il pas répondu : « Je ne vous dominerai point, ni moi, ni mon fils après moi ; ce sera le Seigneur qui sera votre roi ».

La dignité de juge, avons-nous dit, était donc à vie et encore leur succession ne fut-elle pas toujours suivie et sans interruption : il y eut de temps en temps des anarchies, ou des intérims pendant lesquels la république était sans chefs et sans juges. Il y eut aussi d'assez longs intervalles de servitude et d'oppression où les Hébreux, privés de gouverneurs, avaient à gémir sous la dure domination de l'étranger.

Les trois chambres que nous venons de décrire sous le nom général de Sanhédrin, reconnaissaient un président unique et commun, appelé *nasi* ou *prince ;* ce chef principal était lui-même assisté de deux vice-présidents, autrement appelés son lieutenant, *ab-beth-din,* père de la maison du jugement ; et son sous-lieutenant, *chacam,* c'est-à-dire sage. Le *nasi,* ou président, était sur un trône au fond de la salle, avec le lieutenant à sa droite et son sous-lieutenant à gauche. Les autres sénateurs étaient assis en nombre égal aux deux côtés, sur des siéges disposés en demi-cercle. A chacune des deux extrémités de l'hémicycle était placé un secrétaire.

Mais dans laquelle des trois chambres choisissait-on le président? C'est là une nouvelle question dont nous sommes heureux d'emprunter la solution à l'opuscule déjà cité.

Cette haute prérogative, disons-le d'abord, n'appartenait point de droit au grand-prêtre. Ainsi, dans la première assemblée, instituée dans le désert, ce n'est point le pontife Aaron, mais bien Moïse, qui en est nommé le président ; de même la présidence du Sanhédrin avait été dévolue, dès le principe, au plus digne ; c'est un fait acquis à l'histoire. De là cette parole d'un auteur bien compétent en cette matière, Maimonide : « Quiconque l'emportait en sagesse sur ses collègues était constitué par eux chef du Sanhédrin ».

Il importe, toutefois, d'ajouter que lorsque l'influence des grands-prêtres devint prépondérante dans l'Etat juif, — ce qui eut lieu après la réduction de la Judée en province romaine, — le grand-prêtre en fonction cumulait habituellement et la souveraine sacrificature et la présidence du Sanhédrin. On en vit même s'en emparer par violence. Comment s'étonner après cela de leur vénalité et de leur injustice? La source de leur élection était empoisonnée, les effets de leur charge se ressentaient du poison.

Au Sanhédrin appartenait le pouvoir directif et civil, la connaissance de tout ce qui regardait la sûreté et les franchises de la nation, en un mot, la solution des difficultés majeures en matière de justice, de doctrine ou d'administration. « Le jugement des soixante et onze, dit la *Mischna,* est invoqué quand l'affaire concerne toute une tribu, ou un faux prophète ou le grand-prêtre ; quand il s'agit de savoir s'il faut faire la guerre ; s'il importe d'agrandir Jérusalem et ses faubourgs, ou y faire des changements essentiels ; s'il faut instituer des tribunaux de vingt-trois membres dans les provinces, ou déclarer qu'une ville est impie et qu'elle est placée sous l'interdit ». On voit par là combien étaient larges les attributions sanhédrines; cette assemblée était vraiment souveraine et presque équivalente à la puissance royale.

Le lieu où dans le principe, dirons-nous en terminant, se rendait la justice et se tenaient les séances judiciaires, était d'ordinaire la porte des villes ; d'où le mot *porte*, employé dans l'Ecriture, pour signifier l'autorité, le pouvoir, le tribunal ou le conseil de chaque ville. A Jérusalem, toutefois, siége exclusif du grand Sanhédrin, on se réunissait dans une salle sphérique, moitié comprise dans le temple, moitié en dehors de cet édifice (1). Cette salle, appelée *liscath-aggazith,* « la salle au pavé de pierres taillées », était le seul lieu où il fût permis de prononcer la peine capitale. C'était, en effet, et depuis longtemps, un grand luxe à Jérusalem de construire avec des pierres carrées et bien taillées. Salomon en usa de même dans les constructions du temple. Le prophète y fait lui-même allusion. (III Rois, v, 17 ; — Amos, v, 15.) Faudrait-il voir dans cette désignation cette même salle, nommée par saint Jean λιθόστρωτον ou *gabbatha,* en latin *lapidarium.* Or, cette place, élevée en forme de parquet pavé de petites pierres taillées, était située au nord-ouest de la citadelle et par conséquent attenant au temple. C'était de cette tribune que, d'après un ancien usage, se prononçait haut et publiquement la peine capitale.

Cette coutume de prononcer exclusivement la peine capitale, la tradition juive est unanime à l'affirmer. « Lorsqu'on quitte la salle Gazith », dit le Talmud, « on ne peut porter contre qui que ce soit une sentence de mort. — Les peines capitales ne se prononçaient pas en tout lieu », est-il écrit ailleurs, « mais seulement lorsque le sanhédrin siégeait dans la salle des PIERRES TAILLÉES. — Il ne pouvait », ajoute Maimonide, « y avoir de sentence de mort qu'autant que le Sanhédrin siégeait en son lieu ».

C'en était fait de la prépondérance et de la vitalité nationales et judiciaires du grand conseil. Depuis, le sceptre royal était sorti de la maison de Juda ; la Judée, l'an 11 de l'ère chrétienne, à la suite de la déposition du roi Archélaüs, fils et successeur d'Hérode le Grand, avait été réduite en province romaine ; des procurateurs, au nom de l'empereur Auguste, avaient enlevé au Sanhédrin, pour l'exercer eux-mêmes, le *jus gladii,* c'est-à-dire le droit souverain de vie et de mort. Toute province réunie à l'empire devait en passer par là ; de là ce mot de Tacite : « Les Romains se réservent le droit du glaive et négligent le reste ». Le Sanhédrin conservait encore, il est vrai, le pouvoir d'excommunier, de mettre en prison, de condamner aux verges ; mais le droit de rendre un arrêt de mort, il ne l'avait plus... Le Sanhédrin, comme poussé par une main invisible, a abdiqué ses glorieuses prérogatives ; aussi venons-nous de le voir abandonner subrepticement la salle ordinaire de ses séances pour siéger en tout autre endroit. « Quittons », se sont-ils fièrement écriés, « cette salle des Pierres Taillées, hors de laquelle nul ne peut être condamné à mort. Et protestons ainsi, par cet exil volontaire et le silence de la justice, que Rome, dominatrice du monde, n'est pas maîtresse des vies ni des lois de la Judée ».

____

(1) Il n'y avait au reste dans cet usage rien d'anormal. On sait, en effet, qu'au temps des rois, le Conseil des anciens tenait de même ses séances dans l'un des bâtiments du temple. Obédédom et ses fils, lisons-nous en effet dans les *Paralipomènes,* étaient préposés à la garde de la porte orientale du temple, où siégeait le Conseil des Anciens, ou Sanhédrin. (*Paralip.,* l. I, ch. XXVI, 15.)

CONCLUSION.

Et maintenant, c'est fait : le Christ a été condamné! Les prêtres, les scribes, les anciens, composant la haute assemblée, se sont précipités de leurs siéges ; les premiers, en rejetant le Sauveur, ont prononcé leur propre arrêt de mort. Un dernier cri, un cri de malédiction pour le Sanhédrin et la nation juive s'est fait entendre : « Que son sang retombe sur nous et sur nos enfants ». (Matth., XXVII, 25.) Il aura son entier accomplissement. Dieu entendit ce vœu des Juifs, et pour la dernière fois, il exauça leur prière : après quoi, il détourna ses regards de la Terre promise, et choisit un nouveau peuple.

Peuple infortuné, ton souhait exécrable s'est accompli; le sang du Juste est retombé sur toute la nation et ses infâmes juges. Aussi, après dix-huit siècles, pourrait-on s'écrier avec plus de raison encore après saint Jérôme : « Qu'as-tu fait, ô peuple ingrat? Esclave dans tous les pays, tributaire de tous les princes, tu ne sers pourtant pas de dieux étrangers. Que sont devenues, envers toi, les anciennes miséricordes du Seigneur? Souviens-toi de la parole de tes pères : « Nous n'avons pas d'autre roi que César... Que son sang retombe sur nous et sur nos enfants ». *Sanguis ejus super nos et super filios nostros.*

« Race maudite », s'écrie à son tour Bossuet, « tu ne seras que trop exaucée ; ce sang te poursuivra jusqu'à ce que le Seigneur, se lassant enfin de ses vengeances, se souviendra, à la fin des siècles, de tes misérables restes ». (*Tableaux évangéliques*, t. II, p. 434.)

Bar-le-Duc — Typographie des Célestins — BERTRAND

www.ingramcontent.com/pod-product-compliance
Ingram Content Group UK Ltd.
Pitfield, Milton Keynes, MK11 3LW, UK
UKHW022248070726
13613UKWH00005B/2173